MÁLAGA

COSTA DEL SOL

Deutsche Ausgabe

Prolog: Manuel Alcántara

Fotos: José Luis Otermin

© OTERMIN EDICIONES
Telf.: (+34) 952 29 56 42
Dep. Legal: MA-1603-2013
ISBN: 84-96298-02-7
www.oterminediciones.com
editorial@oterminediciones.com

Rundblick auf Málaga

Málaga

Málaga bei Nacht

Blick auf Málaga von der Burg Gibralfaro

Prolog

Lieber als ein Poet wäre Manuel Machado, mein Wahlonkel, ein guter Banderillero gewesen. Nun gut, ich vermute, dass José Luis Otermin, viel lieber der unsichtbare Mann gewesen wäre als ein großartiger Fotograf. Bei ihm hat mich immer schon die ungewöhnliche Abwesenheit nicht nur von Eitelkeit, die ja aus der Leere kommt, sondern des legitimen Stolzes und des Wunsches nach Anerkennung irritiert. Was sucht dieser Mann mit dem Aussehen eines etwas erschöpften Lehrers oder eines Schiffbrüchigen, der nie jemandem erzählte, wie jenes Schiff unterging? Mit absoluter Anmaßung behaupte ich, Menschen zu erkennen, die ein Geheimnis verbergen. Sie wissen, dass man die großen Geheimnisse für sich behalten muss. Wenn man sie dem allerbesten Freund erzählt, darf man nie vergessen, dass auch der einen allerbesten Freund hat.

Ich beharre hier auf der Persönlichkeit von José Luis, weil sie mir immer rätselhaft vorkam. In seinen Büchern, denn es sind seine und nur seine, können wir da, wo sein Name auf dem Titel stehen sollte, „Otermin Ediciones, S.C." lesen, und auch das nur mit einiger Anstrengung. Es sind viele Bücher mit herausragenden Fotografien, denn er beobachtet, damit wir sehen können. Wie die anonyme Liedersammlung kann er sagen, dass er Spanien „durchwandert" hat. (Eines Tages werde ich ihn fragen, ob er auch „kein schöner Land" gefunden hat.) Viele Reisen, viele Tage, viele Verschwörungen mit dem Licht und nur ein Ziel: uns zu zeigen, die Augen offen zu halten. Alles, was dieser wandernde Wächter uns kundtut, existiert, obwohl wir es vielleicht nicht sahen. Die Realität zu entdecken, das ist seine Aufgabe, der er sich seit langem still und unermüdlich widmet.

Vielen Orten des „spröden und herrlichen Spaniens" hat José Luis Otermin seine Visitenkarte erstellt. Im Gegensatz zu vielen seiner Landsleute, die nicht um des Reisens willen reisen, sondern um gereist zu sein, und die mit kurzen Aufenthalten in den so genannten exotischen Ländern protzen, als gäbe es welche, die das nicht sind, verweilt er in dem unseren. Niemand bringt von einer Reise mit, was er nicht schon vorher in sich trug, aber José Luis bringt die angehaltene Zeit mit. Es ist die Magie der Fotografie, denn jeder weiß, dass sie in Händen eines wahren Künstlers eine der schönen Künste ist. Es geht darum, den Horizont und das Konzept zu erweitern, aber vor allem den Gesichtspunkt. Niemand kann objektiv sein, nicht einmal, wenn er ein Objektiv handhabt. Das heißt, alles hängt vom Blickwinkel ab und wir wissen, dass zwischen dem Schauen und dem Sehen eine Welt liegt. Was gäben wir dafür, dass jemand wie José Luis Otermin die Städte vor Jahrhunderten verewigt hätte, mit den Menschen, die sie damals bevölkerten! Es gäbe kein genaueres historisches Zeugnis als das; aber das war unmöglich: obwohl die Magier existierten, war die Magie der Fotografie noch nicht entdeckt. Es ist die Kunst, einen Augenblick festzuhalten, der von nun an Vergangenheit ist.

Dieses Buch sammelt Augenblicke vom Leben unseres Málagas und wie alle Bücher entstand es aus Liebe. Pablo Neruda sagte, dass Bücher durch Liebe und Erfahrung entstünden. Sein Ziel war die Suche nach der Schönheit. Lassen wir die Kritik, die auch der Liebe entspringen kann, für eine andere Gelegenheit. Dies ist das Málaga, das uns gefällt. Genau das, das jedem gefallen muss, wie weit er auch gereist sein mag.

Manuel Alcántara

Málaga, Hauptstadt der gleichnamigen Provinz in Südspanien, gehört zur Autonomen Region Andalusien. Sie ist die zweitgrößte Stadt Andalusiens, sowohl in Größe als auch in Einwohnerzahl. Die Provinz Málaga ist 7280 km² groß und hat 160 km Küstenlinie zwischen der Mündung des Flusses Genal im Südwesten und der Bucht von Nerja im Osten. Im Norden grenzt sie an die Provinzen Sevilla und Córdoba, im Osten an die von Granada, im Süden ans Mittelmeer und im Westen an die Provinz Cádiz. Ihr Klima ist ein überwiegend gemäßigtes Mittelmeerklima, das durch eine trockene Jahreszeit mit warmen Sommern und im Allgemeinen milden Wintern gekennzeichnet ist. Dieses Klima kann sich je nach Gegend verändern, vom subtropischen Mittelmeerklima mit sehr milden Wintern und langen, warmen Sommern der östlichen Costa del Sol zum ozeanischen Mittelmeerklima mit milden, regnerischen Wintern und langen, nicht sehr heißen Sommern, typisch für den westlichsten Teil der Provinz (Cortes de la Frontera und das Tal des Flusses Guadiaro).

Málaga hat eine Geschichte von mindestens drei Jahrtausenden. Die Phönizier waren die Ersten, die eine Stadt in der Nähe eines alten iberischen Ortes bauten. In ihrer Nähe gründeten die Griechen Mainake, ein Ort, der mit den Tartessos Handel trieb und der später von den Karthargern zerstört wurde. 205 v. Chr. war Málaga eine Verbündete Roms, die unter Kaiser Vespasian römische Stadt wurde. Die römische Herrschaft änderte ihren Charakter als Handelsstadt nicht, sie exportierte vor allem Öle, Getreide, Holz, Rosinen, Gepökeltes, Weine und auch Sklaven. Aus dem Handel entwickelte sich ein starker von Syrern und Juden kontrollierter Kapitalismus. Gegen 570 wurde die Stadt den Byzantinern von Leovigildo abgerungen. Die jüdischen und spanisch-römischen Kolonien führten jedoch ihren Handel mit Afrika, Italien, Griechenland und Vorderasien fort. Die Araber, die 711 die Provinz erreichten führten neue landwirtschaftliche Techniken und bis dahin unbekannte Produkte ein. Zwischen 714 und 716 eroberte Abd-al-Aziz die Stadt, die unter dem Kalifat eine der 21 Khoras oder Verwaltungsbezirke war, in die das Königreich Al-Andalus eingeteilt war. Zu dieser Zeit kam die Stadt zu großem Reichtum und hatte Ende des 10. Jh.s 15000 Einwohner mit einem städtischen Bürgertum vor allem aus Juden und zum Islam konvertierten Christen. Nach den ersten

Strand der Malagueta. Seepromenade „Ciudad de Melilla“

Taifas der Almoraviden und Almohaden, gehörte sie zum Königreich Granada und war dessen Haupthafen. Mehrere Jahrhunderte lebten die christliche und die moslemische Kultur friedlich zusammen.

Málaga

1487, als die Katholischen Könige die Stadt eroberten und sie ins Königreich Kastilien einfügten, gehörte sie zum Nasridenreich von Granada und erlitt dessen Ende. Die Jahrhunderte nach der Eroberung bedeuteten eine Zeit der Dekadenz, die durch Naturkathastrophen wie Epidemien und Missernten verschlimmert wurde.

Mitte des 19. Jh.s erlebte die Stadt eine neue Wirtschaftsblüte dank des lebhaften Handels und der Industrie. Zuckerraffinerien, Textil- und Tabakfabriken, Weinkellereien und Werften wurden gegründet und sogar die ersten Hochöfen. Dieser neue Reichtum lag vor allem in Händen eines Großbürgertums mit vielen ausländischen Namen.

Aber auch dieser Aufschwung verfliegt und im ersten Drittel des 20. Jh.s ist Málaga eine der ärmsten Provinzen Spaniens. Diese Situation ändert sich dank einer neuen Industrie, die in den 50er Jahren ihren

Römisches Theater

Die Alcazaba

Die Alcazaba von Málaga

Die Alcazaba

Die Alcazaba

Die Alcazaba

Aufschwung nimmt, dem Tourismus.

Der herausragendste Denkmalskomplex aus arabischer Zeit ist die Alcazaba mit der Burg Gibralfaro. Nach der Invasion der Wandalen und Westgoten beginnt ab 711 die arabische Geschichte der Stadt. 1031 lässt sich der Stamm der Hammudies, der von den Ziries aus Granada vertrieben wurden, in Málaga nieder. Ihr König Badis begünstigt den Aufschwung der Stadt ab 1057.

An der Nordseite der Parkpromenade erstrecken sich die Gärten von „Puerta Oscura“ und die Alcazaba, eins der wenigen erhaltenen Zeugnisse aus arabischer Zeit in Málaga. Sie wurde ab dem 11. Jh.(1057 – 1063) auf römischen Resten erbaut. Es handelt sich um ein befestigtes Gebiet, dessen heutige Form wir dem Wiederaufbau durch den Maurenkönig Badis el Ziri Mitte des 11. Jh.s verdanken. Der Palastbereich ist aus

Die Alcazaba und die Burg Gibralfaro

Innenhof der Alcazaba

Inneres der Alcazaba

der Nasridenzeit des 13. und 14. Jh.s. Im 14. Jh. haben die maurischen Könige von Granada sie umgebaut und erweitert. Sie verfügt über eine doppelte Mauer mit zahlreichen Verteidigungstürmen und Eingängen in Winkeln um den Zugang zu erschweren. Unter ihren prächtigen Toren stechen der „Arco del Cristo“ und die „Arcos de Granada“ hervor, die den Zugang zum Wohnbereich erlauben. Er hat drei parallele Paläste, deren Konstruktion an die Alhambra von Granada erinnert. Es handelt sich um ein sehr wichtiges Erbe der arabischen Kunst und steht unter Denkmalschutz. In der Alcazaba befindet sich das archäologische Museum. Zu Füßen der Alcazaba, an ihrer Westseite, befinden sich die Reste eines alten römischen Theaters aus der Zeit des Augustus im 1. Jh., das bis ins 3. Jh. benutzt wurde. Die arabischen Architekten haben es als Steinbruch zum Wiederaufbau der Alcazaba benutzt. Deshalb ist es nur teilweise erhalten.

Die Burg Gibralfaro

Auf dem Gipfel der Anhöhe kann man die Reste der alten Burg Gibralfaro bewundern, die durch einen befestigten Weg mit der Alcazaba verbunden war.

Die Ursprünge dieses Bauwerks verlieren sich in der Zeit; schon in römischer Epoche war hier ein wichtiger Leuchtturm. Daher stammt der Name: *Jabal-Faruk*, oder Berg des Leuchtturms. Die Araber haben die Burg mehrfach wieder aufgebaut, heute hat sie nur noch wenige Elemente des Originalbauwerks. Von hier hat man einen ausgezeichneten Rundblick über die Stadt.

Brunnen und Torhaus. Burg Gibralfaro

Burg Gibralfaro

Mauer. Burg Gibralfaro

Interpretationszentrum. Burg Gibralfaro

Die Kathedrale

Die Wiedereroberung der heutigen Provinz Málaga findet während des 15. Jh.s. statt, zwischen 1485 und 1487. Von da an werden die Städte langsam umgewandelt um sich dem neuen, dem Islam unähnlichen Lebensstil anzupassen. Die erste Sorge der Monarchen nach der Eroberung, ist die Reparatur der Mauern, die während des 16. Jh.s. wegen der maurischen Aufstände und der Gefahr durch die Piraten anhält. Das ummauerte Gebiet

Kathedrale von Málaga

Fassade der Kathedrale, wichtigstes Bauwerk des Barocks in Málaga

ist das gleiche wie zu Zeiten der Araber. Nur die wichtigsten Reparaturen zur Verteidigung der eben eroberten Stadt werden ausgeführt. Gleich nach der Eroberung befahlen die Katholischen Könige, Isabella und Ferdinand, wie üblich die Weihe und Segnung der Hauptmoschee, sie wurde der Hlg. María der Inkarnation gewidmet. 1488 begann Kardinal Mendoza mit dem Bau der Kathedrale von Málaga, dank der Befähigung durch die päpstliche Bulle von 1486 von Innozenz VIII.

Die Moschee hatte einen großen, rechteckigen Grundriss und es wurden einige Reformen durchgeführt um sie dem christlichen Kult anzupassen. Da der Tempel für die Bedürfnisse der Stadt nicht ausreichte, beschloss man 1528 einen neuen zu bauen. Der toledaner Meister Enrique Egas und der Steinhauer Pedro López wurden beauftragt, schon vorhandene Pläne zu prüfen und zu beurteilen. Es ist nicht bekannt, wer die Pläne erstellte, es gibt verschiedene Namen, Egas selbst, Siloé, Hernán Ruiz, Juan Bautista de Toledo.

Kathedrale

Kathedrale

Inneres der Kathedrale

Das Grundstück, das Egas und Pedro López wählten, war mit Häusern bebaut, die je nach den Bedürfnissen der Arbeiten abgerissen wurden. Schon 1528 wurde mit den Fundamenten begonnen, ohne die Moschee zu berühren um den Kult nicht zu unterbrechen. Der Beginn der Bauarbeiten war sehr konfus, 1541 wurden sie wegen Fehler unterbrochen, 1550 begann man erneut. Der Einfluss von Siloé ist deutlich, obwohl nicht bekannt ist, ob dieser Meister das Modell für das Kopfteil erstellte.

Das gesamte Kopfteil und die Querschiffe wurden im 16. Jh. fertig gestellt. 1587 wird die Hauptkapelle überdacht und ausgeschmückt, der Fußboden aus rotem Marmor des Torcal von Antequera und weißem aus Mijas beendet. Die Gerüste und Stützen wurden entfernt und der Bau beendet, zum Bedauern des Domkapitels, der ihn weiterführen wollte. Im nächsten Jahr wurde sie feierlich geweiht.

Der Neubau ist im Renaissancestil mit vielen manieristischen Elementen, die starken Einfluss auf den folgenden Weiterbau im Barock haben. Sie ist ganz aus Steinen, Marmor und Jaspis der Provinz

Chorgestühl der Kathedrale

Inneres der Kathedrale. Mittelschiff

erbaut. Sie hat drei Schiffe, die durch Rundbögen über schlanken Bündelpfeilern mit klassischem Sims getrennt sind. Darüber erhebt sich eine 2. Reihe von hohen Säulen mit genuteten Pilastern und darauf ruhen die Gewölbe. Die Seitenschiffe haben die gleiche Höhe, wie das Mittelschiff, eine Anordnung die typisch ist für das 16. Jahrhundert, das die Abstufung der Gotik verläßt. Zum Chorumgang hin öffnen sich sieben rechteckige Kapellen zwischen den dreieckigen Strebepfeilern, in deren Winkeln kleine Sakristeien gearbeitet sind.

Zu Beginn des 18. Jahrhunderts erlaubte die Wirtschaftslage des Domkapitels von Málaga den Weiterbau der Kathedrale. Der Bau wurde an der Fassade begonnen, aber gleichzeitig dazu wurden die Türme errichtet, die ein einheitliches Element mit der Fassade bilden, mit der sie durch die Friese verbunden sind.

Hauptaltar

Orgel der Kathedrale. Aldehuela 1779-81

Chorgestühl. Pedro de Mena

Ab 1753 begann man die Gewölbe im Renaissancestil zu schließen. 1768 wurden nur wenige Arbeiten am Atrium ausgeführt und der Weiterbau der Türme, von denen nur einer fertig gestellt wurde, und zwar 1779. Der größte Teil der Arbeiten diente der für die Messen notwendigen Ausschmückung und Möblierung des Tempels. Die Orgelgehäuse sind wahre Retabel im Rokkokostil und bilden ein glückliches Gleichgewicht zur Monumentalität des Tempels. 1783, nachdem die Hoffnung zum Weiterbau aufgegeben war, wurden die Gerüste von den Türmen entfernt und die Arbeiten als abgeschlossen erklärt. 1796 wurde ein Versuch zum Neuanfang gemacht, aber die Beendigung war endgültig.

Zur Herstellung des Chors der Kathedrale (1633 – 78) wurden verschiedene Edelhölzer benutzt (Mahagoni, Zedern und Granate) je nach ihrer Finalität. Pedro de Mena, dem diese anspruchsvolle Aufgabe übergeben wurde, prägte die schöpferische Kraft. Die abgesprochene Zeit von 2 Jahren für die vierzig Heiligenbilder wurde trotz der Kürze eingehalten, hatte aber Einfluss auf die Qualität, da Werkstattangehörige an den Arbeiten teilnahmen. Jahre später wurde er mit zwei weiteren Bildnissen beauftragt (St. Blasien und St. Julian), die er in Zedernholz schnitzt. So wurde die Zahl der Skulpturen auf 42 erhöht. Sie wurden 1680 beendet.

Mit den ausdrucksvollen Gesichtszügen hat der Bildhauer den Kommunikationswert der Figuren hervorgehoben. Dieses Chorgestühl gehört zu den bedeutendsten Heiligendarstellungen des Barocks. Die Art der Bildnisse, ihre Gesichtszüge und technische Qualität machen sie zu einem Lehrwerk der Plastiken von Málaga und erheben sie auf den Olymp der Ideale für den gläubigen Christen.

Kirche El Sagrario

Bischofspalast

Bischofspalast. Innenhof

Städtische Stiftung „Pablo Ruiz Picasso. Museum im Geburtshaus“

Platz „Plaza de la Merced“

Picassos Geburtshaus. Museum

Platz „Plaza de la Merced“. Skulptur von Picasso

Inneres des Museums

Inneres des Museums

Picassos Geburtshaus. Museum

Picassos Geburtshaus. Museum

Die Stiftung „Pablo Ruiz Picasso. Museum im Geburtshaus" wurde am 26. Februar 1988 durch den Beschluss einer Vollversammlung der Stadtverwaltung von Málaga als eine unabhängige Institution gegründet. Seit 1991 ist sie im System der spanischen Museen integriert und hat ihren Sitz in dem Haus in dem Pablo Ruiz Picasso am 25. Oktober 1881 geboren wurde.

Von 1988 bis 1997 befanden sich ihre Räume nur im ersten Stockwerk des Gebäudes, nach der Restauarierung und Neueröffnung des Hauses am 22. Juni 1998 wurden sie auf das ganze Gebäude ausgeweitet.

Die Stiftung befindet sich im historischen Zentrum in einem Gebäudekomplex in dem sich die Architektur des 19. Jahrhunderts am besten wiederspiegelt am Plaza de la Merced, ganz in der Nähe des Picasso Museums Málaga, der Kirche Santiago, der Alcazaba und des städtischen Theaters Miguel de Cervantes.

Die Wohnung im ersten Stock des Gebäudes wurde von 1880 bis 1883 von José Ruiz Blasco, dem Vater des Künstlers, gemietet, danach zogen sie in den dritten Stock der Nr. 32 am selben Platz. 1891 erhält der Vater eine Stelle als Zeichenlehrer in La Coruña und die ganze Familie zieht in diese galizische Stadt um, wo sie bis 1895 wohnte.

Die Stiftung beherbergt im Erdgeschoss einen Ausstellungssaal mit interessanten Stücken über Picasso und seinen Kultur- und Lebensraum, ein Museum im ersten Stock mit Werken des Künstlers und seines Vaters José Ruiz Blasco, sowie persönliche Erinnerungsstücke von Picasso und seiner Familie. Im dritten

Straße „calle Granada". Kirche „Santiago"

Mittelschiff der Kirche „Santiago"

Stock befindet sich ein Dokumentationszentrum und eine Bibliothek, für die, die das Leben und das Werk von Picasso studieren wollen.

Picasso wurde in der Kirche „Santiago" getauft, einer der ältesten von Málaga. Herausragend sind ihr barockes Inneres und der Turm im Mudejarstil. Hier hatten 1820 seine Großeltern väterlicherseits und 1880 seine Eltern geheiratet, auch seine Schwestern Dolores und Concepción wurden hier getauft.

Der erste Spielplatz des Kindes Pablo Ruiz Picasso und wo er wohl auch die ersten Linien in den Sand zeichnete, war der Platz „Plaza de la Merced", der im 15. Jh. öffentlicher Marktplatz war und Ende des 19. Jh.s. dem Freizeitvergnügen der Bürger diente. Der Glockenklang der Kirche „de la Merced", die neben Picassos Geburtshaus stand, hatte ein Mosaik von volkstümlichen Typen als Zeugen, die der geniale Künstler mit der Zeit porträtierte.

Picasso Museum Málaga

Picasso Museum Málaga

Picasso Museum Málaga

Palast der Grafen von Buenavista. Picasso Museum Málaga

Picasso Museum Málaga

Reste der Phönizier, Römer und Araber

Das neue Museum will vor allem eins, den Traum Picassos erfüllen, ein eigenes Museum in seiner Geburtsstadt zu haben und vor der Welt nicht nur den andalusischen Ursprung und Charakter des genialen Künstlers hervorheben, sondern seine kosmopolitische Schöpfung in seine andalusische Heimat integrieren, wo der Geist der Erneuerung des wohl besten bildnerischen Künstlers des 20. Jh.s den neuen Generationen zum Ansporn dient. In diesem Sinn wurde zur Ergänzung der Dauerausstellung ein anspruchsvolles Programm von zeitlich begrenzten Ausstellungen programmiert, die vor allem Themen und Gesichtspunkte aus der Welt Picassos und seiner Zeitgenossen mit einer originellen Ausrichtung darstellen, und die zur besseren Kenntnis seines Werkes beitragen, das dreiviertel des 20. Jahrhunderts umfasst.

Picasso Museum Málaga

Picasso Museum Málaga

Olga Kokhlova mit Mantilla, 1917
© Pablo Picasso, VEGAP, Málaga 2004

Bild einer Frau im-Kleid mit grünem Kragen, 1938
© Pablo Picasso, VEGAP, Málaga 2004

Frau im Sessel (Françoise Gilot), 1946
© Pablo Picasso, VEGAP, Málaga 2004

Um die Sammlung aufnehmen zu können, kaufte die andalusische Regionalregierung den Palast der Grafen von Buenavista, ein historisches Gebäude, das für die bürgerliche Architektur des 16. Jh.s. charakteristisch ist. In ihm mischen sich Elemente aus der Renaissance und im Mudejarstil. Zu diesem kulturhistorischen Wert kommt hinzu, dass dieses Gebäude sich im Herzen der historischen Altstadt von Málaga befindet. Der Palast Buenavista wurde 1939 unter Denkmalschutz gestellt.

Es ist nicht selten, dass ein historisches Gebäude, das einer neuen Funktion zugeführt werden soll bei seiner Umgestaltung unvorhergesehene Probleme und Schwierigkeiten mit sich bringt. Man hatte bedacht, dass das Museum den Rahmen des Palastes sprengen musste, vor allem, wenn man die neue Institution mit den Funktionen und dem Service ausstatten wollte, die die moderne Museumswissenschaft heute vorschreibt, wie z.B. Bibliothek, Dokumentationszentrum, Auditorium, Büros usw. Zu diesem Zweck hielten es die an dem Projekt beteiligten Stiftungen für notwendig, mehrere Nachbargebäude zu erwerben, in denen man nach den zur Integrierung nötigen Reformen die erwähnten Abteilungen unterbringen konnte. Außerdem sollte durch die Erweiterung das alte mittelalterliche Stadtbild erhalten und sein Verfall verhindert werden. Dort hat man eine Reihe neuer Gebäude errichtet, in denen die Ausstellungssäle für zeitlich begrenze Ausstellungen, Restaurierungswerkstätten, die Buchhandlung und einige Büros untergebracht sind. Mit dieser Vergrößerung ist das Picasso Museum Málaga 8300 Quadratmeter groß.

Als man die vorgeschriebenen archäologischen Probegrabungen im Boden unter dem Palast vornahm, entdeckte man antike Reste aus der Zeit der Phönizier, der Römer und der Nasriden. Man fällte sofort die Entscheidung, die Ausgrabungen zu vervollständigen und die hier gefundenen Reste ausführlich zu dokumentieren, so dass sie nicht nur erhalten, sondern in das Gebäude integriert wurden. Sie können zusammen mit den Werken Picassos besichtigt werden. Auf diese Weise kann man das Kulturerbe von Málaga über Jahrhunderte verfolgen.

Parkpromenade von Málaga

Die Stadt Málaga

Das Rathaus wurde zu Beginn des vorigen Jahrunderts, zwischen 1912 und 1919, im neobarocken Stil erbaut und hat einen rechteckigen Grundriss aus vier Flügeln, die um einen Innenhof gruppiert sind. An der Hauptfassade hat man den Mittelteil hervorgehoben, um ein Portal auf einem Sockel aus behauenem Stein zu errichten, über dem sich ein großer Balkon für öffentliche Auftritte befindet, der mit einem großen Giebel abgeschlossen wird. Seine äußere Ornamentierung ist sehr interessant, mit an den Mauern befestigten Pilastern und einer Vielfalt von Säulen und Fenstern. Am Portal sticht ein Bogenfeld hervor und eine Skulpturengruppe des Bildhauers Francisco Palma, das eine Matrone als Symbol von Málaga darstellt, die von allegorischen Figuren umrundet ist, die die Architektur, die Seefahrt, die Fischerei und den Handel darstellen. Wie es sich für ein Rathaus gehört, wird es von einem Uhrturm gekrönt. Der Rest der Fassaden ist mit einem großen Sinn für Bewegung dekoriert, vermittels Teilen, die hervorstehen oder zurückgesetzt wurden. Auch das Innere ist hochinteressant, mit einer ausladenen Treppe im Imperium-Stil und Geländern aus italienischem Marmor, bunten Glasfenstern, Spiegeln, Malereien und Kunstwerken. Im Sitzungssaal ist eine Reproduktion des Lex Flavia Malacitana ausgestellt, das zwischen 81-94 n. Chr. von Domitian gestiftet wurde.

Rathaus von Málaga

Rathaus von Málaga

Parkpromenade v. Málaga

Museum von Málaga - Palacio de Aduana. (alter Zoll) 18. Jh.

Hafen von Málaga

Hafen von Málaga

„Cenachero“

Strand „La Malagueta“, westliche Richtung

Die jetzige Form des Hafens stammt aus dem 19. Jahrhundert, aber die neuen Technologien haben das Transportwesen revolutioniert und der Hafen von Málaga unterläuft eine tiefgreifende Veränderung, die, wenn sie beendet ist, die Fläche verdoppelt. Die Queen Mary 2, das exklusivste und größte Kreuzfahrtschiff hat uns auf seiner Jungfernfahrt besucht.

Málaga liegt am Meer und am Fluss Guadalmedina, der es in zwei Hälften teilt. Das Erste, was wir sehen, wenn wir ins Zentrum kommen, ist der Hafen und daneben einen magischen Tropenwald, einen faszinierenden Park, der im 19. Jahrhundert auf dem Meer abgewonnenen Boden gepflanzt wurde. Die Stadt hat 16 schöne Strände, die östlichen heißen: La Malagueta, La Caleta, Baños del Carmen, Pedregalejo-Las Acacias, El Palo, El Chanquete, El Candado, El Peñón del Cuervo, Fábrica de Cemento und La Araña. Die westlichen sind: Huelin, San Andrés, La Misericordia, Guadalhorce, Guadalmar und Campo de Golf. Alle haben einen mittleren Wellengang und sind viel besucht, die meisten haben eine Seepromenade und befinden sich im Stadtgebiet.

Städtisches Museum von Málaga

Palais Miramar

Strand „La Malagueta". Seepromenade Pablo Ruiz Picasso

Strand „La Malagueta". Seepromenade Pablo Ruiz Picasso

Strand „La Malagueta", westliche Richtung

Strand „La Malagueta", östliche Richtung

Strand „La Malagueta", westliche Richtung

Strand von Pedregalejo

Sardinenspieß

Sonnenuntergang

Die Kirche der Heiligen Jungfrau des Sieges steht auf dem Platz des Feldlagers der Katholischen Könige, Ferdinand und Isabella, während der Belagerung von Málaga. Hier verehrt man die Heilige Jungfrau des Sieges (Virgen de la Victoria), die älteste Schutzpatronin der Stadt. Die heutige Kirche wurde 1700 eingeweiht. Der Grundriss ist ein lateinisches Kreuz. Hervorragend sind der Hauptaltar und der Turm des Schreins der Hlg. Jungfrau. Unter dem Hauptaltar befindet sich die Krypta der Grafen von Buenavista, eins der unheimlichsten Totendenkmäler Spaniens.

Pantheon der Grafen v. Buenavista

Kirche der Hlg. Jungfrau des Sieges

Kirche der Hlg. Jungfrau des Sieges. Mittelschiff

Hlg. Jungfrau des Sieges

Inneres des Theater Cervantes

Theater Cervantes. Vielfältige künstlerische Veranstaltungen

Im letzten Drittel des 19. Jahrhunderts hatten die Rückkehr der Borbonen und der Politiker Antonio Cánovas del Castillo als großer Schlichter große Bedeutung für Málaga.

Das Meer reichte fast bis an die Mauern des Zollgebäudes, d.h. es reichte bis an die Stadtgrenze und die einzige Barriere waren die höher gelegenen Straßen. Der königliche Erlass vom 5. September 1896 ordnete an, ein großes Hafenbecken aufzufüllen. Am Anfang war Málaga sich nicht der Möglichkeiten bewusst, die diese Initiative bot, aber als man sah, was für ein Terrain dem Meer zwischen dem Platz des Hospital Noble und dem Platz „plaza de la Marina" abgewonnen wurde, wurde der Bevölkerung bewusst, dass etwas Wichtiges geschah, so wie 5 Jahre zuvor bei der Eröffnung der Straße Larios.

Marqués de Larios

Platz „Plaza de la Constitución"

Straße „calle Larios"

Platz „Plaza de la Constitución"

Zentralmarkt Atarazanas

Museum der Volkskunst und –bräuche

Museum der Volksunst und –bräuche. Innenhof

Hafen von Málaga

Karwoche

Antonio Gala

In der Karwochen rufen wir unseren Kreuzweg ins Gedächtnis, sowie die Wiederkehr der Welt der segensreichen Jungfrauen im Frühling. Unter den reich geschmückten Heiligenfiguren schwitzen die Träger unter ihrer Last. Ein Kraftakt nach Takt, *a compás*, wie der Andalusier zu sagen pflegt; lächelnd und schrecklich, erschöpfend und voller Freude. Eine geteilte Last, nicht übertragbar, brüderlich, solidarisch, den Befehlen dessen gehorchend, der den Takt angibt…Von jedem Träger hängt die Schönheit ab, und vor allem der Gleichtakt, damit die Pracht voranschreiten und sich entfalten kann. So bewegt sich Andalusien auf den Andalusiern… Das Symbolische unserer Karwoche besteht aus der unaufhaltsamen Bewegung, voller Hingabe, voller Inbrunst unter jedem Heiligen ein anderer Rhythmus, im Zittern der Kerzen und der *saetas*, in dem rastlosen Kommen und Gehen der Zuschauer, schwindelerregend, in dem Wechselspiel der Gerüche – vom Weihrauch zum frittierten Fisch, vom Duft der Orangenblüten zum

Hlge. María der Schmerzen

Thron „Unser Herr Jesus der Gefangene"

Thron der Hlg. María der Hoffnung

Thron des Hlg. Christus der Wunder

Thron der Hlg. María „de la Paloma"

Thron von „Unserem Vater Jesus der Barmherzigkeit"

Schwarz gekleidete Frauen mit andalusischer Mantilla

Nazarenos

Hlg. María der schmerzensreichen Liebe

Fettgebackenen -, in dem flackernden, unbeständigen Licht, in den Sonnenauf- und -untergängen... Und vor allem in der Bewegung vom Schmerz zur Freude, vom Tod zum Leben, in der ersten Vollmondnacht des Frühlings... Nicht umsonst heissen die meistbejubelten Madonnen *Esperanza*, Hoffnung... (aus dem Buch „Ewiges Andalusien")

Die Feria von Málaga hat ihren Ursprung 1491, nach der Eingliederung der Stadt in die kastilische Krone. Sie beginnt am Freitag vor dem 19. August und die folgenden 9 Nächte regieren die Unterhaltung und die Freude auf den Straßen, in den Festpavillions und den Jahrmarktsattraktionen des Festplatzes. Unter Blumen, Lampions und in typischen Trachten, werden Malageñas und Sevillanas getanzt und die andalusischen Pferde

Feria von Málaga

Stierkampfarena „La Malagueta". Feria von Málaga

Stierkampfarena „La Malagueta"

Feria von Málaga

Verdiales

Die Kunst des Flamencotanzes

Carmen Thyssen Museum

Typische Taverne von Málaga

Straße „calle Larios"

Zentrum für zeitgenössische Kunst

geritten. Aber die Feria findet auch außerhalb des Festplatzes statt: die Wallfahrt, die Stierkämpfe der Malagueta, die Konzerte im Theater Cervantes, die Regatten im Hafen... Die Feria im August ist zum großen Fest des Sommers geworden, mit einem offenen, kosmopolitischen und internationalen Geist, der den Charakter der größten Stadt des Haupttourismusgebietes von Europa, der Costa del Sol, wiedergibt.

Die Musik spielt eine wichtige Rolle bei allen Veranstaltungen, die uns auf Straßen und Plätzen im Stadtzentrum von Málaga begeistern; z.B. das Fest der „Verdiales" in der Straße „Larios" oder das Internationale Folklore Festival auf dem Plaza de la Marina. Auch die Gastronomie hat eine wichtige Rolle in der Feria, man kann sie mit den guten Weinen der Gegend kosten.

Tausende von Menschen füllen die Straßen und Plätze der Altstadt und haben dann später die Möglichkeit einen der Stierkämpfe in der Arena „la Malagueta" zu besuchen.

Strand San Andrés. Promenade Antonio Machado

Kongress- und Messezentrum

Der historische Botanische Garten „La Concepción"

6 km außerhalb der Stadt befindet sich die Finca „la Concepción", der schönste und bedeutendste tropische Garten Spaniens und einer der schönsten Europas. Der Garten dieser Finca wurde mit zahlreichen exotischen Pflanzen, z.T. aus Afrika, Asien und Australien, bepflanzt. Man kann ihn zu jeder Jahreszeit bewundern und genießen, denn er hat vor allem immergrüne tropische Pflanzen: beeindruckende Gummibäume, herrliche Araukarien, hohe, elegante Palmen, einen bildschönen Drachenbaum von den Kanarischen Inseln, außergewöhnliche Palmfarne, Riesenstrelizien...

Aussichtspavillion

Glyzinie (Wisteria sinensis). Üppige tropische Flora im ganzen Garten

Eiserne Brücke

Teich der Nymphe

Historischer Botanischer Garten „La Concepción"

Die westliche Costa del Sol

Costa del Sol ist die andalusische Mittelmeerküste zwischen Manilva und Nerja: eine 90 km lange fast ununterbrochene Strecke, flankiert von Hotels, Urbanisationen, Orten, Stränden und ruhigen Buchten, von Golf- und Tennisplätzen, Kasinos und nautischen Einrichtungen. Die westlich von Málaga liegende Costa del Sol wird als der Strand Europas angesehen. Ihre tausendjährige Geschichte hat sie zu einem der wichtigsten Kultur- und Touristenzentren Westeuropas werden lassen und hat ihr erlaubt die vielen Invasoren, die ihre Küste erreichten, zu überleben und einzugliedern. Jetzt exportiert Málaga nicht mehr Trauben, Mandeln oder Wein, sondern verdankt seinen wirtschaftlichen Aufschwung dem „Rohstoff" Sonne. Die Provinz hat ein reines Mittelmeerklima, mit milden Wintern,

Strand „Bajondillo". Playamar. Torremolinos. Im Hintergrund die Bucht der Stadt Málaga

heißen Sommern und sehr wenigen Niederschlägen. Die Jahresdurchschnittstemperatur ist 18 Grad Celsius. Das Mittelmeer, ruhig, zahm und mit warmen Gewässern wirkt wie ein Thermostat. Es ist keine Übertreibung zu sagen, dass Málaga einen ewigen Frühling genießt. Und das ist eine seiner Hauptattraktionen. Die Costa del Sol ist weltweit wegen ihres Tourismus bekannt. Der erste Eindruck, den der Besucher erhält, ist der eines riesigen Vergnügungsangebots – das Meer mit nautischen Einrichtungen, Sportanlagen, Restaurants, Diskotheken oder diverse Vergnügungen - außerdem ein hervorragendes Angebot von mehr als 40 Golfplätzen, weshalb sie auch als „Costa del Golf" bekannt ist. Aber unter dem Neonlicht sind noch die Vorzüge versteckt, die schon die ersten Besucher verzauberten: eine saubere und nicht kontaminierte Luft, eine Küste mit blauem, warmem Wasser und viele Strände, Buchten, Riffs und sanfte Hügel, die einen herrlichen Kontrast bilden.

Torremolinos

Strand „Bajondillo"

Torremolinos

Hier, in dem alten Fischerdorf mit vielen Mühlen, begann in den 50er Jahren die Costa del Sol und der Touristenboom von Málaga. Es liegt 12 km von der Provinzhauptstadt entfernt und nur 7 km vom internationalen Flughafen. Der Ort begann im 19. Jh. mit einer Ansammlung von Häusern um die Türme und Mühlen, die es hier gab. Heute sind diese Mühlen verschwunden, aber sie haben ihren Namen an Hotels, Wege und Promenaden weitergegeben. La Carihuela, das alte Fischereiviertel, ist der ideale Ort um die weltberühmten typischen Gerichte von Málaga zu probieren: die frittierten Fische oder Málaga-Frittüre (fritura malagueña).

Strand „La Carihuela". Torremolinos

Strand „La Carihuela". Torremolinos

Straße „San Miguel". Torremolinos

Benalmádena

Benalmádena ist ein Küstenort, der die Berge hinaufklettert. Er hat drei Ortsteile. Benalmádena-Pueblo hat eine typisch andalusische Architektur mit weißen Häusern und engen Straßen mit Balkonen voller Blumen. Die Gärten „Jardines del Muro“ wurden von dem Architekten César Manrique entworfen. Arroyo de la Miel ist der bevölkerungsreichste Ortsteil. Die Flamenco-Bars, Diskotheken, die Tapas-Bars und die guten Fischgerichte erfreuen die Besucher. Es hat auch ausgezeichnete Sportanlagen. Benalmádena-Costa, dagegen hat 9 km Küstenlinie mit warmem, ruhigem Wasser und einen der wichtigsten Sporthäfen Spaniens.

Kirche in Benalmádena

Benalmádena-Pueblo

Platz. Benalmádena-Pueblo

Benalmádena-Pueblo

Typische Straße. Benalmádena-Pueblo

Figur der „Niña de Benalmádena“

Strand von Benalmádena

Sporthafen. Benalmádena

„Castillo de Bil-Bil“. Benalmádena-Costa

Golfplatz

Benalmádena-Costa

Seepromenade

Strand von Benalmádena

Fuengirola

Ein Küstenort mit seinen Ortsteilen Carvajal und Los Boliches, dessen phönizische, römische und arabische Reste beweisen, dass dieser priviligierte Ort schon seit alten Zeiten, diejenigen, die hier ankamen verzauberte. Die Römer nannten ihn Suel, die Araber Sohail, so heißt die arabische Burg, die unter Abderrahman III. erbaut wurde und von der noch Reste erhalten sind. An seiner Seepromenade, der längsten der Costa del Sol, kann man die Fassade eines römischen Tempels bewundern, der nie beendet wurde.

Trotz der großen touristischen Infrastrukturen, hat sich Fuengirola seine Traditionen und seinen Charakter als andalusischer Ort erhalten. Sein

Fuengirola. Seepromenade

Strände von Fuengirola

Fischerei- und Sporthafen. Fuengirola

mildes, fast subtropisches Klima und seine 8 km langen Strände aus feinem Sand, die gut erhalten und mit allem Service ausgestattet sind, dazu die herrliche Seepromenade, lassen diesen Ort zum Ausgangspunkt für viele Ausflüge werden und erlauben jede Art von Tourismus: Natur- und Aktivtourismus, kunsthistorischer Tourismus und Tourismus auf dem Land, usw.

Der Ortsteil der Fischer, Los Boliches, hat eindrucksvolle, breite Strände. Viele der Familien, die seit Generationen auf See arbeiteten, bieten heute in ihren typischen Restaurants und Strandlokalen den Gästen den frittierten oder gebackenen Fisch oder die Fischspieße an. Aus den verschiedensten Gründen haben viele Spanier und Ausländer dieses Gebiet als neue Heimat gewählt.

Strände von Fuengirola nach Westen

Denkmal der Hlg. Jungfrau des Carmen

Strand. Fuengirola

Fuengirola

Mijas

Die Berge von Mijas nennt man „die Lunge der Costa del Sol“ wegen ihrer dichten Pinienwälder, zwischen denen der weißgekalkte Ort Mijas liegt. Von Mijas aus dominiert man die ganze Costa del Sol und sogar die Gebirge Nordafrikas. Sein Ortskern weist die typisch arabische Struktur mit engen Straßen und weißgekalkten Wänden auf. Mijas hat sich zum Ort für Künstler und Ausländer entwickelt, die durch seine malerische Lage und die Schönheit der umliegenden Natur angezogen wurden.

Typische Straße. Mijas

Teilansicht vom Ort Mijas

Museum. Mijas

Eseltaxis. Mijas

Mijas

Der Ort Mijas. Hauptplatz

Stierkampfarena. Mijas

Typische Straße. Mijas

Mijas

Typische Straße. Mijas

Der Ort Mijas. Im Hintergrund das Mittelmeer

Golfplatz

Golfplatz „Los Monteros“. Marbella

Marbella

Der Ort liegt an der antiken Via Augusta, die Rom mit Tartessos verband, am Fuß der Sierra Blanca. In seiner Altstadt gibt es noch Reste der Mauern und der arabischen Burg, über den Fluss Nagüelles führt eine alte römische Brücke. Das Rathaus, das Hospital Bazán, die Klöster San Francisco und die Trinidad, sowie das Hospital von San Juan de Dios stammen aus dem 16. Jahrhundert. Es ist erwiesen, dass Cervantes sich in Marbella in der Mühle des Klosters von San Franciso, von dem kaum mehr als Ruinen erhalten sind, aufgehalten hat.

Der Verlauf des Zentrums ist typisch für die andalusischen Orte, mit engen Straßen und gekalkten Häusern. Dieser Teil bildet einen Kontrast zu den Touristenburgen, die in den 70er und 80er Jahren erbaut wurden, mit modernen Hotelanlagen und Wohngebieten. Der Ort hat drei Sporthäfen, darunter den berühmten Puerto Banús, und ein vielfältiges Angebot an Sportanlagen, darunter mehrere Golfplätze.

Marbella ist heute eins der wichtigsten Touristenzentren Spaniens. Die Natur trägt zu seiner Attraktivität und Persönlichkeit bei. Das Klima ist mild und angenehm, die Landschaften vielfältig, der blaue Himmel fast immer klar und transparent, hinzu kommt der Reichtum der Natur.

Panorama von Marbella. Seepromenade. Sporthafen

Burg und Mauern von Marbella. Kirchplatz

Platz „Plaza de los Naranjos“

Kirche Stª Maria der Inkarnation, 18. Jh.

Avenida del Mar

Brücke des Hlg. Christus

Seepromenade

Promenade der Alameda

Strand „La Fontanilla“

Strand „La Fontanilla“

Typisch andalusische Architektur. Puerto Banús. Marbella

Seepromenade. Puerto Banús

Puerto Banús

Puerto Banús. Marbella

Puerto Banús. Marbella

Moschee. Marbella

San Pedro de Alcántara. Seepromenade

Estepona. Außerordentliche Hotelinfrastruktur

Estepona. Seepromenade

San Pedro de Alcántara ist ein Ortsteil von Marbella und von großem touristischen Interesse wegen seiner Ruinen der römischen Kolonie Silniana, in denen wertvolle Mosaike erhalten sind, und wegen der Thermen von La Bóveda. In Linda Vista sind Reste der frühchristlichen Basilika Vega del Mar, die als westgotische Nekropolis benutzt wurde.

Estepona ist römischen Ursprungs und liegt am Fuß der Sierra Bermeja. Es hat die typischen Ortsteile seiner Fischer und Landarbeiter erhalten. Zwischen Gibraltar und Marbella gelegen, hat es ein mildes Mikroklima, mit einer Jahresdurchschnittstemperatur von 18,5°C, die Sonne scheint mehr als 325 Tage im Jahr und die Winde kommen vor allem aus Westen und Osten. In dieser herrlichen Stadt verbinden sich das strahlende Blau des Mittelmeeres mit den weißgekalkten Häusern und den Blumen unter der glühenden Sonne. Von seinen herrlichen Stränden aus feinem Sand kann man nach Westen hin die einzigartige Silhuette des Felsens von Gibraltar bewundern.

Manilva. Sporthafen „Puerto de la Duquesa“

Manilva. Sporthafen „Puerto de la Duquesa“

Casares

Gaucín

Ronda und seine Gebirgskette

Das Gebiet von Málaga, das von der Provinzhauptstadt nach Westen führt und den Biegungen des Flusses Guadalhorce folgt, kann als die Essenz Andalusiens betrachtet werden. Die Steineichen, Kiefern und spanischen Tannen der Serranía de Ronda waren einst das ideale Gebiet für die Wegelagerer, die nicht mit José María „el Tempranillo“ oder „Pasos Largos“ begannen, sondern schon im Glanz des Kalifats von Córdoba mit der Rebellion des Omar Ben Hafsun, der von Bobastro aus agierte. Ronda in 750 m Höhe ist die Metropole dieser Gebirgskette. Es ist eine tausendjährige Stadt mit einem wichtigen historischen und künstlerischen Erbe. Ein Gebirgseinschnitt, „Tajo“, von 150 m teilt den Ort in 2 Teile, La Ciudad und El Mercadillo genannt, die durch eine steinerne Brücke aus dem 18. Jahrhundert verbunden werden. Der erstgenannte hat sich die traditionelle Atmosphäre der engen Straßen, der typischen vergitterten Balkone, der Paläste und der alten Kirchen erhalten, Spuren der reichen Vergangenheit. El Mercadillo ist von La

Sonnenuntergang in der Serranía de Ronda

Stausee von Montejaque

Ruinen des römischen Theaters von Acinipo. Ronda

Aussichtspunkt „El Campillo". Ronda

Ronda. Alte Brücke

Ciudad durch den berühmten „Tajo“ getrennt, der von der neuen Brücke überspannt wird. Es ist das Handels- und Verwaltungszentrum, aber auch hier gibt es bedeutende Gebäude und Kirchen. Die neue Brücke wurde zwischen 1735 und 1793 erbaut und heißt so, weil sie eine vorherige ersetzt, die eingestürzt war. Sie ist 98 m hoch und hat drei Augen, das mittlere wird aus zwei übereinanderliegenden Bögen gebildet, die zwei seitlichen begrenzen einen geschlossenen Raum, der früher als Gefängnis genutzt wurde. Ronda muss man sich in Ruhe erlaufen, um die vielen Denkmäler und herrlichen Winkel mit bürgerlicher Architektur zu erkunden. Auf keinen Fall darf man die Stierkampfarena „Maestranza“ vergessen, eine Reliquie des Stierkampfes. Sie wurde 1785 von Martín de Aldehuela erbaut, ihre Sitzreihen sind aus Stein, ebenso

Panoramablick der Stadt Ronda

Tor von Philipp V. Alte Brücke

Panoramablick des „Tajo“ von Ronda. Neue Brucke, 18. Jh.

Panoramablick der Mauern von Ronda

Hängende Häuser am „Tajo“ von Ronda

Alte Brücke

Alte Brücke

Arabische Bäder . 13. Jh.

Landschaft in der Serranía von Ronda

wie die zwei Bogengalerien, das Portal ist neoklassisch mit barocken Details. Auch das Tor von Karl V. (16. Jh.) ist erwähnenswert, so wie das Minarett von St. Sebastian im Mudejarstil, die Kirche des Hlg. Geistes, die noch zu Zeiten der Katholischen Könige erbaut wurde, die Kirche Santa Maria la Mayor, die auf einer alten Moschee errichtet wurde oder die elegante Fassade des Palais des Marqués de Salvatierra aus dem 18. Jahrhundert.

In der Nähe des Flusses befinden sich die Arabischen Bäder, von denen drei Säle erhalten sind. 10 km von Ronda entfernt kann man die Reste von Acinipo, dem alten Ronda, besuchen, in dem ein römisches Theater erhalten ist. Über Ronda haben Schriftsteller wie Rafael Alberti, Jorge Luis Borges, Luis Cernuda, Gerardo Diego, Vicente Espinel, Federico García Lorca, Ernest Hemingway, Juan Ramón Jiménez, James Joyce, Dionisio Ridruejo, José María Peman, Juan Goytisolo und viele mehr geschrieben. Wir heben Rainer María Rilke hervor, den deutschen Dichter par excellence des 20. Jh.s.und einer der wichtigsten und einflussreichsten modernen Dichter. Er kam im Dezember 1912 in Ronda an und während seines Aufenthalts hier gelang es ihm eine lange spirituelle Krise zu überwinden. Hier schrieb er seine „Spanische Trilogie“ und einige seiner Elegien. „Ich habe überall die erträumte Stadt gesucht und habe sie endlich in Ronda gefunden“, schrieb er in einem Brief.

Palacio de Mondragón 1314. Ronda

Kirche Sta. Maria la Mayor

Innenhof. Palacio de Mondragón. Ronda

Detail der Fassade

Typische Straße

Palacio de Mondragón. Ronda

Stadt Ronda, rechts die Stierkampfarena. Im Vordergrund das Denkmal für Antonio Ordoñez

Denkmal für Cayetano Ordoñez, „El niño de la Palma“

Pferdekutsche

Ronda Stierkampfarena

Stierkampfarena von Ronda von 1785. Ein Sanktuarium des Stierkampfs zu Fuß

Landschaft der Serranía von Ronda

Tal des Guadalhorce. Antequera

Abenddämmerung über der Lagune Fuente de Piedra

Flamingos. Lagune Fuente de Piedra

Stausee Conde del Guadalhorce

Ardales

Andalusisches Landhaus

Burg von Antequera, dahinter der Felsen der Verliebten

Die Lagune Fuente de Piedra, ein Umweltschutzgebiet, befindet sich in der Nähe des gleichnamigen Ortes. Sie hat Salzwasser und ist ohne natürlichen Abfluss. Ihre Fläche umfasst 1300 ha.

Die Lagune und ihre Umgebung sind die wichtigste Flamingobrutstätte Europas. Mitte März jeden Jahres kommt eine große Kolonie Flamingos und bleibt bis Ende September in der Lagune, bis die Geburt und Aufzucht der Jungvögel abgeschlossen sind und sie nach Senegal zurückkehren.

Der Felsen der Verliebten ist ein 874m hoher Berg aus jurasischem Kalk. Er liegt zwischen Antequera und Archidona und seine Form in der Ebene gleicht der Umarmung zweier Liebenden. Hier haben sich zwei

Antequera in der Abenddämmerung

Panoramablick von Antequera

Antequera. Bogen der Riesen

Antequera. Kirche St^{a}. Maria La Mayor

junge Menschen – sie Araberin, er Christ – in die Tiefe gestürzt, um nicht auf ihre unerfüllbare Liebe verzichten zu müssen. Im Rathaus von Málaga gibt es ein Bild, das auf diese Legende hinweist.

Nur 13 km von Antequera, an der Straße nach Málaga, befindet sich die Gebirgskette des Torcal, ein erstaunliches Naturschauspiel, hier haben die Elemente eine phantastische Steinlandschaft gebildet, in der man herrliche Figuren bewundern kann. Die Erosion hat die Kalkblöcke in bizarre Figuren verwandelt, mit Namen wie der Zahn, der Adler, die Schraube, die Echse ... Der Felsen „der sieben Tische" ist ein außerordentlicher Aussichtspunkt, von dem man die gesamte Fläche des oberen Torcal bewundern kann.

Antequera liegt an einer wichtigen Wegkreuzung zwischen dem Fluss Guadalquivir, der Ebene von Granada und der Mittelmeerküste und ist seit der mittleren Altsteinzeit Siedlungsort der verschiedensten Stämme.

Das Bronzezeitalter hat uns jedoch die wichtigsten prähistorischen Reste hinterlassen, z.B. die Hünengräber von Menga, Viera und El Romeral aus der Zeit von 2500 bis 2000 v. Chr. Zeuge aus der Vorgeschichte sind die „Höhlen" von Menga, das größte und am besten erhaltene Hünengrab der

Inneres des Hünengrabes von Menga. Antequera

Der Torcal von Antequera. Naturpark

Bronzefigur eines Epheben

Antequera. Im Hintergrund der „Felsen der Verliebten“

Platz „Plaza Ochavada“ Archidona

Naturpark „Montes de Málaga“

Vorzeit. Es besteht aus einer großen, ovalen Kammer, die in eine überdeckte Galerie übergeht mit einem schmalen Eingang. Die Kammer ist aus sieben großen, quadratischen Monolithen geformt und einem Riesenblock als Kopfteil, das Ganze wird von fünf gigantischen Platten bedeckt. Er ist das einzige der drei Hünengräber, das Zeichnungen menschenähnlicher Figuren hat, die sich an der linken Eingangsplatte befinden. Man schätzt das Alter auf 4500 Jahre.

Den Besucher wird das Ausmaß der hinteren Deckplatte erstaunen, 6 m lang und 7m Seitenlänge mit einem Gewicht von ca. 180 Tonnen. Um diese Platten zu halten, hat der Dolmen drei quadratische Stützpfeiler, von denen aber nur einer diese Funktion erfüllt. Das Ganze bedeckt eine Konstruktion von 50 m Durchmesser.

Östliche Costa del Sol. Axarquía

Das Gebiet zwischen der Provinzhauptstadt und der Grenze zu Granada hat zwei Namen, die es genau abgrenzen: die östliche Costa del Sol an der Küste und im Inneren die Axarquía. Die Axarquía ist die Quintessenz der Erinnerung an die Moslems in der Provinz Málaga, mit ihren Dörfern, auf den Bergkuppeln und den verwundenen Straßen, die sie verbinden.

Hier werden die Trauben produziert, die Málaga den Ruhm gegeben haben. Auf halbem Weg zwischen der Küste und den Bergen um einen Hügel am linken Ufer des Flusses Vélez liegt Vélez-Málaga, die wichtigste Stadt der Axarquía. Diese alte phönizische, kathargische und römische Siedlung beherbergt ein reiches Ortszentrum mit vielen Monumenten. Herauszuheben sind die arabische Burg, die Kirche St[a]. Maria

Rincón de la Victoria

Golfplatz

Torre del Mar

Burg von Vélez-Málaga

Stiftung María Zambrano. Vélez-Málaga

Árchez. Kirche Unsere Hlg. Frau der Inkaration

Cómpeta

Zum Trocknen ausgelegte Trauben

Trauben trocknen in der Sonne, um die „pasas“ zu erhalten

la Mayor, mit einem wertvollen Altarbild aus dem 16. Jh. und die Kirche St. Johannis der Täufer mit einem interessanten Kruzifix aus bemaltem Holz auch aus dem 16. Jh. In der Nähe befinden sich die Ruinen des griechischen Ortes Mainake. Vélez-Málaga blickt aufs Meer in Torre del Mar, wo wir den beeindruckenden Strand von der Seepromenade aus entdecken.

Rincón de la Victora steht in dem Ruf, dass hier die besten Anchoven der Küste gefangen werden. Es ist das bevorzugte Urlaubsgebiet der Familien aus Málaga.

Torrox Costa. Außerordentliche Hotelanlagen, sowohl an der östlichen wie der westlichen Küste

Torrox Costa

Frigiliana

Wenige Kilometer von Nerja liegt das malerische Dorf Frigiliana, das mit seinen weiß gekalkten Häusern das idyllische Bild eines andalusischen Dorfes gibt. Sein Kunstgewerbe aller Art ist wegen seiner großen Qualität sehr beliebt. Nicht weit von hier liegt auch das malerische Dorf Cómpeta, das durch seinen Süßwein und die Qualität seiner getrockneten Trauben berühmt ist.

Die Legende sagt, dass sich Abderrahman in Torrox niederließ, nachdem er in Almuñecar gelandet war. Während der Zeit der Araber war es das Zentrum der Seidenmanufaktur, deren Produkte dann in Damaskus und Bagdad verkauft wurden. Es lohnt sich das nahe Kloster „de las Nieves“ zu besuchen. An den Stränden finden wir wichtige Feriensiedlungen.

Blick auf das Dorf Frigiliana

Frigiliana

Typisch maurische Straße

Frigiliana

Typische Straße

Kunstgewerbe aus Frigiliana

Gemeindekirche St. Antonio von Padua

Nerja

Nerja, der östlichste Ort der Costa del Sol, ist ein bekannter Urlaubsort. Er bietet dem Besucher einen eindrucksvollen Aussichtspunkt, der auf einer antiken Befestigung erbaut und als Balkon von Europa bekannt ist. Es handelt sich um ein Kliff, das über das Meer blickt und von den Ausläufern der Sierra Almijara geschützt wird. Die erste menschliche Siedlung der Gegend stammt aus der Vorgeschichte, wie die Höhlenmalereien in seiner Grotte beweisen. Den größten Aufschwung erlebte es unter den Arabern, die ihm den Namen

Park „Verano Azul". Nerja

Promenade des Balkon von Europa

Promenade. Hinten der Balkon von Europa

Büste von König Alfons XII. auf dem Balkon von Europa

Platz von Nerja, hinten die Kirche „El Salvador“ 17. Jh.

Küste von Nerja, östlichster Teil der Provinz. Strand von Calahonda

Narixa gaben, was „reiche Quelle“ bedeutet. Der Ort hat noch die alten Gassen. Es lohnt ein Besuch der Kapelle der Hlg. Jungfrau Betrübnis (Virgen de las Angustias) und der Kirche San Salvador aus dem 17. und 18. Jh.

Die Höhlen von Nerja, wenige Kilometer außerhalb des Ortes, sind eine der wichtigsten Touristenattraktionen der Costa del Sol. Durch Zufall wurden sie Ende der 50er Jahre entdeckt und unter Denkmalschutz gestellt. Hier hat man prähistorische Malereien und Reste gefunden, von denen man mehr als 600 Motive studiert hat. Ihre unterirdischen Säle haben eine unglaubliche Vielfalt von Stalaktiten und Stalakmiten, die ein überraschendes Bild der Architektur der Natur zeigen. Besonders stechen der Saal der Kaskade, der Saal des Bebens und der Saal der Gespenster hervor. Während der Sommerfestivals werden in ihrem Inneren Konzerte und Baletts aufgeführt. In der Höhle kann man auch ein archäologisches Museum besuchen.

Pferdegespann

Typische Straße von Nerja

Strand „La Caletilla“. Nerja

Strand „Burriana“

Touristen probieren die typischen Gerichte

Große gastronomische Vielfalt. Paella

Strand von Maro

Die Höhlen von Nerja

Panoramablick auf den Strand von Burriana. Nerja

LEYENDA
Zeichenerklärung
Parque — Park
Desfiladero, cañón — Schlucht
Iglesia — Kirche
Convento o monasterio — Kloster
Aeropuerto — Flughafen
Avistamiento de aves — Vogelbeobachtungspunkt
Vistas panorámicas — Panoramablick
Restos arqueológicos — Archäologische Reste
Restos Romanos — Römische Reste
Dolmen — Hünengrab
Ruina — Ruine
Castillo — Burg
Cueva — Höhle
Restos Árabes — Arabische Reste
Balneario — Badeort
Museo — Museum
Plaza de Toros — Stierkampfarena
Distinguidos — Besondere Auszeichnung
SEVILLA
CÓRDOBA
MADRID
Reserva Natural Laguna de la Ratosa
Osuna
A-360
A-365
Reserva Natural Laguna de Fuente Piedra
Fuente de Piedra
Humilladero
Sierra de Yeguas
El Saucejo
C-342
Campillos
Reserva Natural Lagunas de Campillos
Almargen
A-382
Teba
A-357
Olvera
Cañete La Real
Paraje Natural Desfiladero de los Gaitanes
A-367
Ardales
Carratraca
Álora
SEVILLA
Olvera
A-376
Montecorto
Arriate
A-366
El Burgo
Casarabonela
Grazalema
A-372
Montejaque
Ronda
Yunquera
Alozaina
Tolox
Benaoján
Parque Natural Sierra de Grazalema
A-369
Parque Natural Sierra de las Nieves
Cartajima
Parauta
Atajate
Jimera de Líbar
Alpandeire
Júzcar
Igualeja
Faraján
Pujerra
Benadalid
Cortes de la Frontera
Benalauría
Ubrique
Guaro
Coín
Monda
Istán
Ojén
Parque Natural Los Alcornocales
Algatocín
Jubrique
Benarrabá
Genalguacil
La Sauceda
Gaucín
Benahavís
Marbella
AP-7
A-377
Paraje Natural Los Reales de Sierra Bermeja
Paraje Natural Sierra Crestellina
San Pablo o Buceite
Casares
Estepona
Manilva
CÁDIZ
Algeciras
MAR
MEDITERRÁNEO

Comarcas del interior

Landstriche des Inneren der Provinz

Die Karte wurde von der Diputación von Málaga, Amt für Ressourcen und lokale Initiativen, zur Verfügung gestellt.

INHALTSVERZEICHNIS

Design und Layout: Alicia Boza
Übersetzung: Hannelore Benz